# ¿Tienes hambre?

## Anita Ganeri

**EVEREST**

Título original: *Feeling hungry?*
Traducción: Alberto Jiménez Rioja

First published by Evans Brothers Limited,
2A Portman Mansions, Chiltern Street,
London W1U 6NR, United Kingdom.
Copyright © Evans Brothers Limited 2003.
This edition published under licence from
Evans Brothers Limited. All rights reserved.

© EDITORIAL EVEREST, S. A.
Carretera León-La Coruña, km 5 - LEÓN
ISBN: 84-241-1613-5
Depósito legal: LE. 1307-2004
Printed in Spain - Impreso en España

EDITORIAL EVERGRÁFICAS, S. L.
Carretera León-La Coruña, km 5
LEÓN (España)
Atención al cliente: 902 123 400
www.everest.es

## AGRADECIMIENTOS

El autor y el editor desean expresar su gratitud a las
personas e instituciones siguientes por su amable
permiso para reproducir fotografías:

Science Photo Library, p 8 (Omikrom), p 10 (John
Burbidge), p 14 (Quest), 8 (CAMR/A.B. Dowsett),
p 19 (Manfred Kage), 21 (BSIP VEM).

Fotografías encargadas a Steve Shott.
Modelos de Truly Scrumptions Ltd.
Y gracias también a: Kelsey Sharman,
Thomas Keen, Matthew Botterill, Ashley Richardson,
Charmaine Francis-Sammon, Courtney Thomas,
Lyli Dang, Frankie Iszard, Imran Akhtar,
Justin Mooi, Indiana Frankham.

# CONTENIDOS

# ¿POR QUÉ TIENES QUE COMER?

¿Tienes hambre? Esa es la forma que tiene tu cuerpo de decirte que necesitas comer algo. La comida contiene muchas sustancias imprescindibles que tu cuerpo usa para crecer, permanecer sano y reparar las partes que lo necesiten. Los alimentos, además, te aportan energía. Tu cuerpo necesita energía para funcionar, del mismo modo que un coche necesita gasolina. Te sientes hambriento cuando tus depósitos de energía se vacían.

## ¡ASOMBROSO!

Durante el transcurso de tu vida consumes la asombrosa cantidad de 30 toneladas de comida: ¡el peso de seis elefantes!

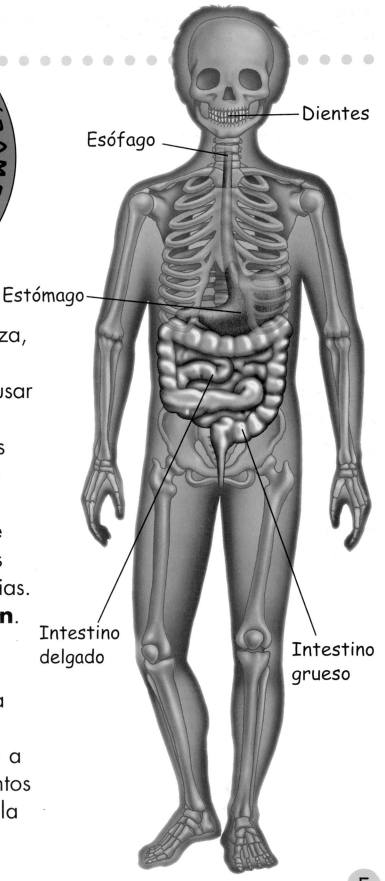

Dientes

Esófago

Estómago

Intestino delgado

Intestino grueso

Comes un trozo de sabrosa pizza, pero, ¿dónde va el alimento? Antes de que tu cuerpo pueda usar las sustancias que extrae de él, tiene que romperlo en porciones diminutas, que tienen que ser lo bastantes pequeñas como para penetrar en tu sangre; tu sangre las transporta a todas las partes del cuerpo donde sean necesarias. Este proceso se llama **digestión**.

Tu comida es digerida según viaja por todo el cuerpo. Viaja por montones de conductos diferentes, que van de tu boca a tu trasero. Puedes ver los distintos conductos en la ilustración de la derecha.

5

# CORTAR Y MASTICAR

**T**u cuerpo comienza a digerir la comida tan pronto tomas el primer bocado. En tu boca, los dientes cortan y mastican el alimento en trozos pequeños, la lengua los mezcla y los lleva a la parte trasera de la boca. Tu boca fabrica también una sustancia acuosa llamada **saliva**. Humedece los trozos de comida haciéndolos resbaladizos y fáciles de tragar. Por eso, ante una comida deliciosa se te hace la boca agua.

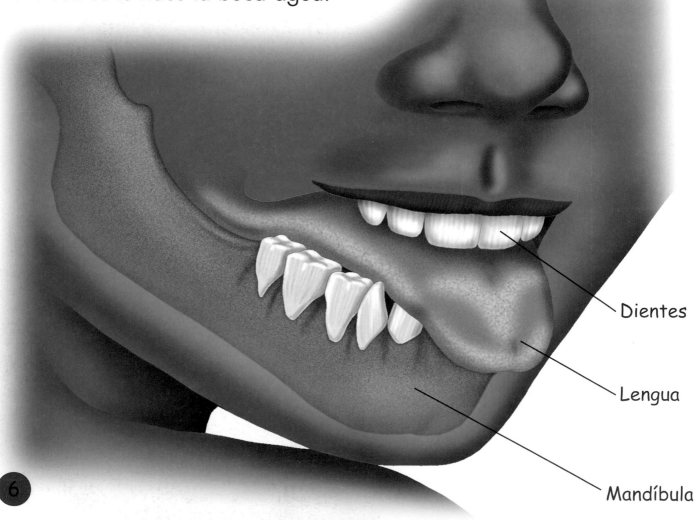

¡**ASOMBROSO**!

Tus dientes están recubiertos por un fuerte **esmalte**. Es la parte más dura de tu cuerpo.

Dientes

Lengua

Mandíbula

Pásate la lengua por los dientes. ¿Notas sus diferentes formas?
Tus dientes delanteros son afilados, para morder, mientras que
los traseros son planos, para aplastar y triturar. Cuando eres
pequeño tienes veinte dientes pequeños,
llamados dientes de leche, que
se caen cuando cumples cinco
o seis años; son sustituidos
gradualmente por treinta y dos
dientes nuevos, más grandes.

¡MÍRAME! ¡MÍRAME! ¡MÍRAME! ¡MÍRAME!

Al comer,
quedan entre tus
dientes pequeñas
partículas de alimento.
Debes cepillarlos dos veces
al día para eliminarlas, si
no, tus dientes pueden
estropearse.

# ¿A QUÉ SABE?

Una porción de pizza sabe deliciosa. El sabor te lo indica la lengua. Mírate en un espejo y saca la lengua: está cubierta de diminutos abultamientos llamados **papilas gustativas**. Envían mensajes a lo largo de **nervios** hasta tu cerebro para decirte a qué sabe lo que comes. Las diferentes partes de tu lengua captan los sabores dulces, ácidos, salados y amargos. El gusto es muy útil; te dice si lo que comes es bueno o malo.

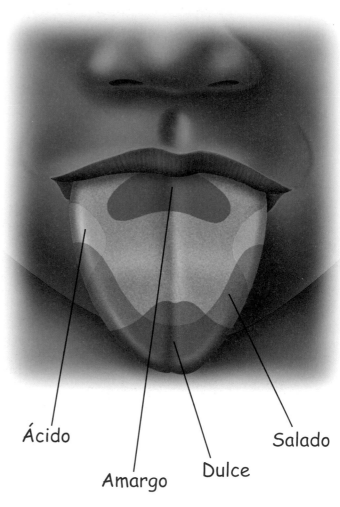

Ácido

Amargo

Dulce

Salado

**Tus papilas gustativas vistas bajo un microscopio.**

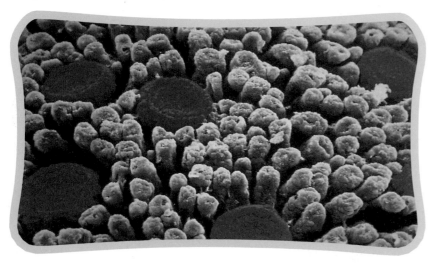

## ¡ASOMBROSO!

Tienes *más* de 10.000 papilas gustativas en la lengua, pero algunas dejan de funcionar según te haces mayor.

8

Los alimentos sabrosos suelen, además, oler bien. Tu sentido del olfato te ayuda a captar los aromas más delicados de lo que comes. Si estás acatarrado y tienes la nariz congestionada, probablemente seas del todo incapaz de saborear tu comida. Esto se debe a que tu sentido del gusto y del olfato están estrechamente ligados.

¡MÍRAME! ¡MÍRAME! ¡MÍRAME! ¡MÍRAME!

Cuando comes algo de un sabor intenso, lo siguiente que tomas sabe más fuerte. Así que si tomas algo muy dulce, y después un limón, el limón es todavía más ácido.

9

# Tragar

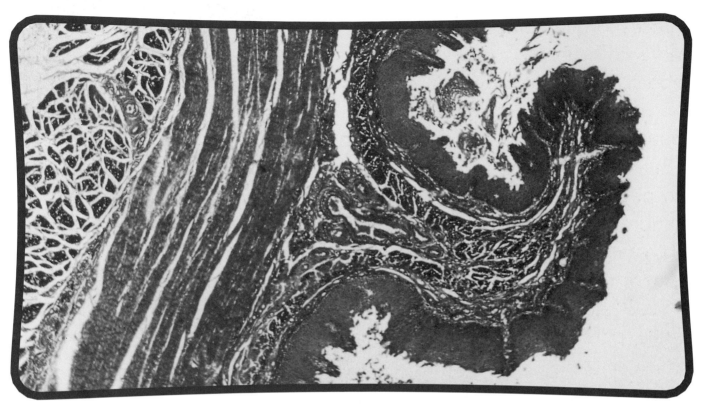

Los músculos de la pared de tu esófago vistos bajo un microscopio.

espués de que masticas tu pizza, tu lengua la empuja a la parte trasera de la boca: ahí es donde la tragas. La pizza entra entonces en la primera parte de tu tubo digestivo, que se llama esófago. Pero no se desliza ni cae, sino que es empujada hacia abajo por los fuertes músculos de las paredes de ese conducto. Gracias a su empuje, la pizza baja. Esto significa que puedes comer y beber incluso si estás cabeza abajo.

## ¡Asombroso!

En un día, tragas aproximadamente 3.000 veces. ¡Glup!

A veces lo que comes se te va por "mal sitio" y te hace toser. Esto se debe a que la entrada de tu esófago está muy cerca de la entrada de la tráquea, el conducto por el que pasa el aire para respirar. Lo normal es que una pequeña tapa membranosa cubra la parte superior de la tráquea cuando tragas, pero en ocasiones la comida se va por error por ese conducto, reservado al paso del aire.

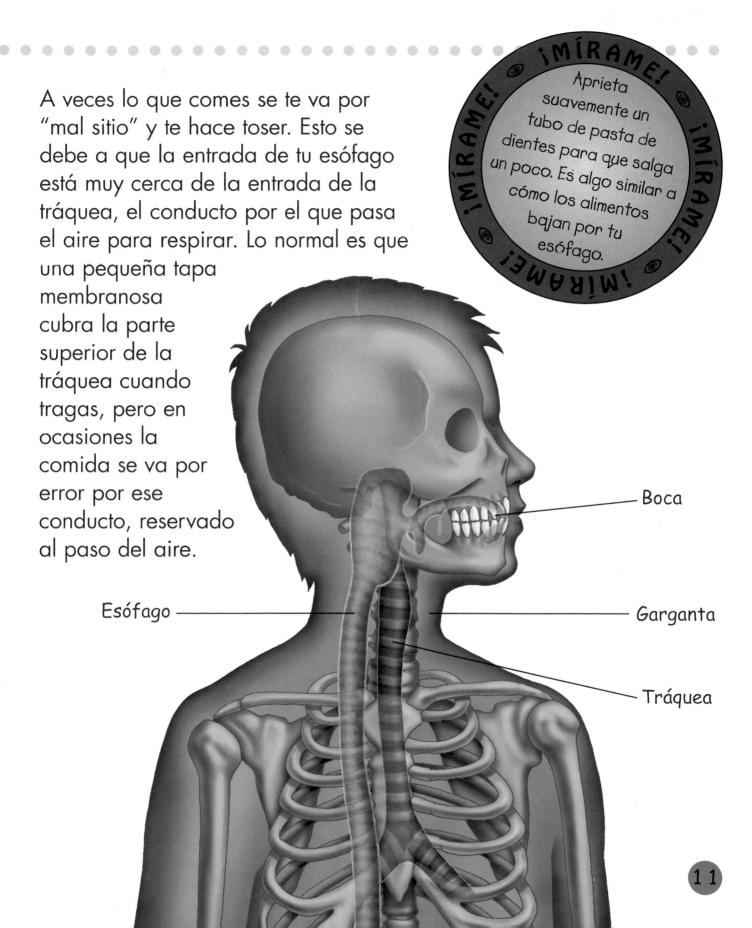

¡MÍRAME!
Aprieta suavemente un tubo de pasta de dientes para que salga un poco. Es algo similar a cómo los alimentos bajan por tu esófago.

Boca

Esófago

Garganta

Tráquea

# DENTRO DE TU TRIPA

El esófago empuja tu alimento hasta tu estómago o tripa. El estómago es una bolsa gruesa y flexible hecha de músculos fuertes. Aplasta y hace puré a los alimentos y vierte unos líquidos especiales sobre ellos para descomponerlos. Estos líquidos acaban además con cualquier **germen** perjudicial que pudiera haber en tu comida. De otro modo tendrías dolor de tripa. Cuando los alimentos abandonan tu estómago tienen el aspecto de una sopa espesa.

## ¡ASOMBROSO!

Una comida permanece en tu estómago durante aproximadamente cuatro horas. Le lleva unos tres días recorrerte entero.

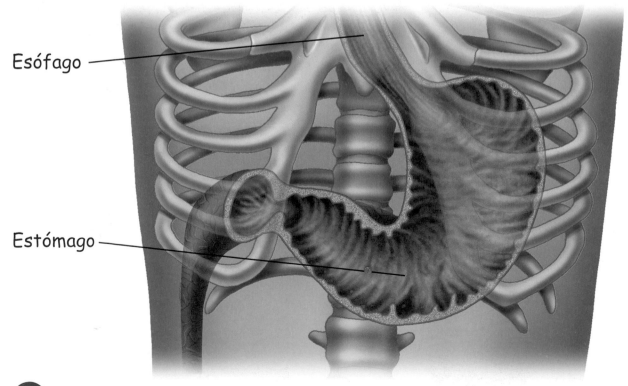

Esófago

Estómago

Según tu estómago se llena de comida, se hace más grande. Cuando está lleno envía mensajes a tu cerebro indicando que no comas más. Si has comido demasiado, o lo que has comido no estaba en buenas condiciones, puedes enfermarte. Entonces los músculos de tu estómago te fuerzan a devolver.

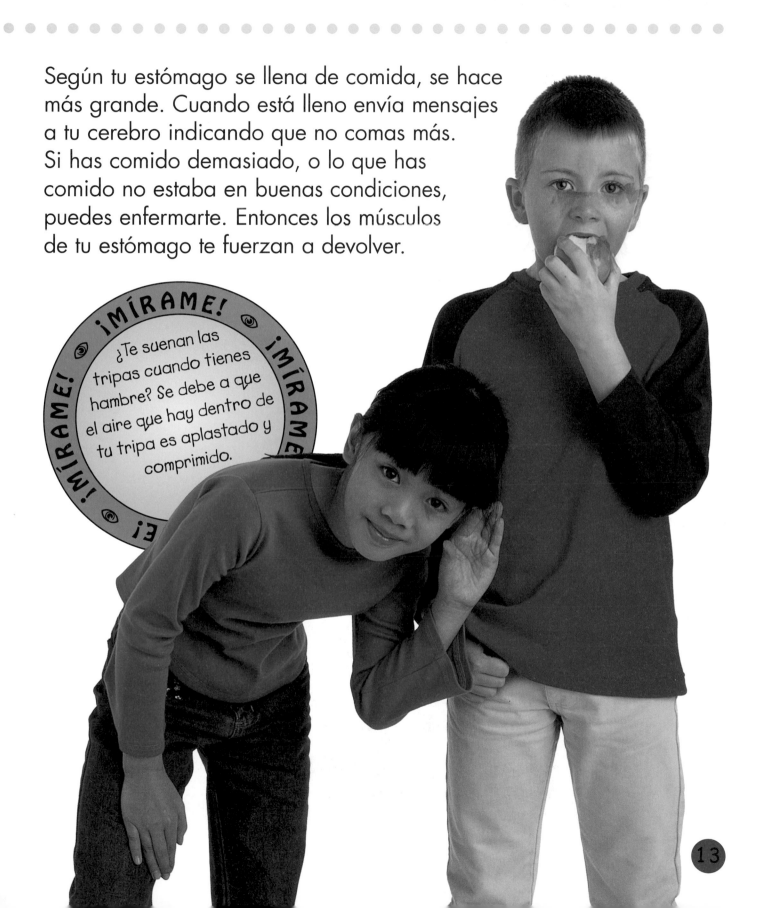

¡MÍRAME!

¿Te suenan las tripas cuando tienes hambre? Se debe a que el aire que hay dentro de tu tripa es aplastado y comprimido.

# UN LARGO VIAJE

esde tu estómago, la mezcla con aspecto de sopa espesa es empujada a través de un tubo muy largo llamado intestino delgado. Es tan largo como un autobús, pero está enrollado de forma muy compacta dentro de ti. El intestino delgado vierte más líquidos sobre los alimentos para digerirlos. En este momento, los fragmentos son lo bastante pequeños como para pasar por las paredes del intestino a la sangre, que los transporta a su vez a todas las partes de tu cuerpo para darles la energía que necesitan para crecer y vivir.

## ¡ASOMBROSO!

Tu intestino delgado se llama así porque tiene solamente cuatro centímetros de ancho. Pero su longitud es de unos asombrosos cuatro metros.

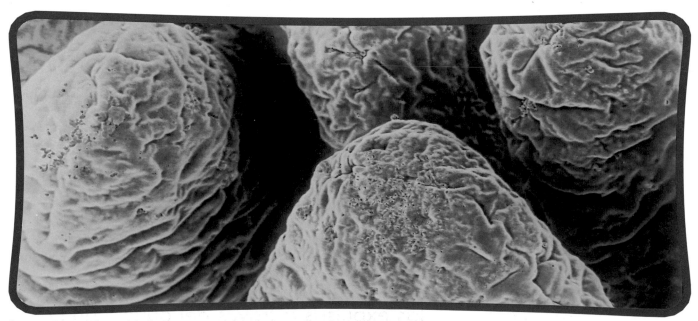

Las paredes del intestino delgado vistas bajo un microscopio.
Los alimentos digeridos las atraviesan para verterse en la sangre.

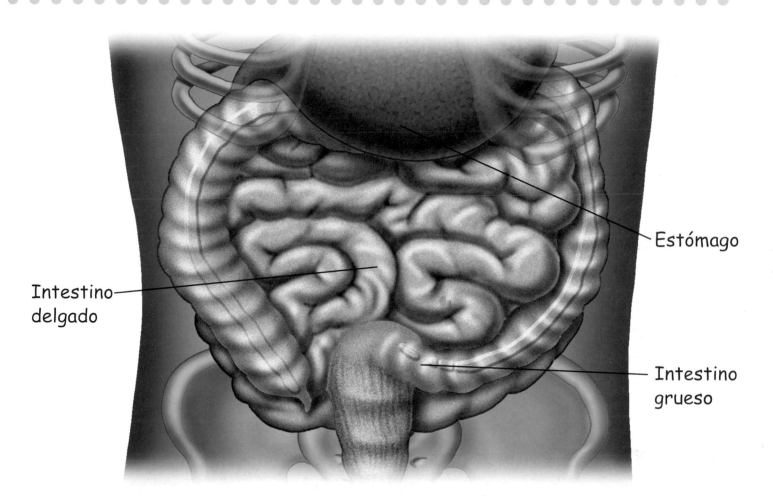

Estómago

Intestino
delgado

Intestino
grueso

¡MÍRAME!
Si haces ejercicio violento después de comer puedes sufrir un **calambre** muscular. Tu cuerpo usa su energía para digerir la comida, no para que los músculos trabajen.

Las partes de los alimentos que tu cuerpo no puede usar son empujadas al tubo siguiente, que se llama intestino grueso, mucho más corto y ancho que el intestino delgado. Los desechos que recoge forman una masa sólida y blanda que se almacena al final de tu intestino grueso. Cuando llega el momento, vas al baño y las expulsas a través del orificio de tu trasero.

# TU HÍGADO Y TU PÁNCREAS

Tu sangre transporta a todo tu cuerpo fragmentos diminutos de alimentos digeridos, pero antes de eso lleva el alimento al hígado. El hígado realiza varias tareas importantes: se queda con parte de las sustancias útiles de los alimentos y las almacena hasta que tu cuerpo las necesita. Elimina también las sustancias nocivas que contienen para que no te perjudiquen. Entonces la sangre lleva los alimentos por todo el cuerpo.

¡MÍRAME! ¡MÍRAME! ¡MÍRAME! ¡MÍRAME!

¿Sabes donde está tu hígado? En el lado derecho de tu cuerpo, al mismo nivel que tu estómago.

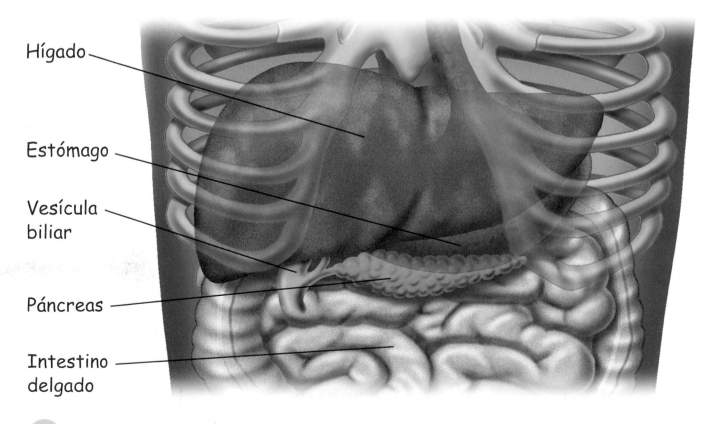

Hígado

Estómago

Vesícula biliar

Páncreas

Intestino delgado

Tu hígado fabrica un líquido verde llamado bilis. Ayuda a romper las partes grasas de la comida. La bilis se almacena en una pequeña bolsa llamada vesícula biliar. De ahí fluye por un conducto muy fino a tu intestino delgado. Tu páncreas es otra parte del cuerpo que te ayuda a digerir lo que comes: vierte sus jugos sobre los alimentos en el intestino delgado.

Células hepáticas vistas bajo un microscopio.

## ¡ASOMBROSO!

Tu hígado pesa aproximadamente 1,5 kilos, el equivalente a 10 manzanas.

# FONTANERÍA

¿Tienes sed? Esa es la forma que tiene tu cuerpo de decirte que necesitas beber algo. Él necesita mucha agua para funcionar adecuadamente, pero a veces tomas más de la necesitas. Vas al baño y te libras de la cantidad extra de agua en forma de **orina**.

¡MÍRAME! ¡MÍRAME! ¡MÍRAME! ¡MÍRAME!

La orina se almacena en tu vejiga. Llena contiene tanto líquido como dos vasos de refresco; ¡pero entonces sientes que, si no vas al baño, estallas!

La orina se fabrica en tus riñones, que funcionan como pequeños filtros. Según pasa la sangre a través de ellos, la limpian y extraen los productos de desecho, que convierten en un líquido amarillento llamado orina. La orina baja por dos finos tubos hasta una bolsa llamada vejiga. Se trata de un recipiente elástico, como un globo. Un firme músculo que rodea su orificio de salida impide que la orina salga por accidente. Cuando vas al baño este músculo se relaja y permite que la orina fluya a lo largo de otro tubo y se expulse al exterior.

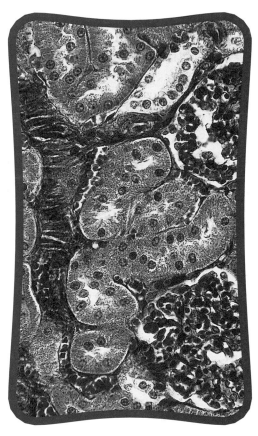

Filtros diminutos dentro de un riñón, visto bajo un microscopio.

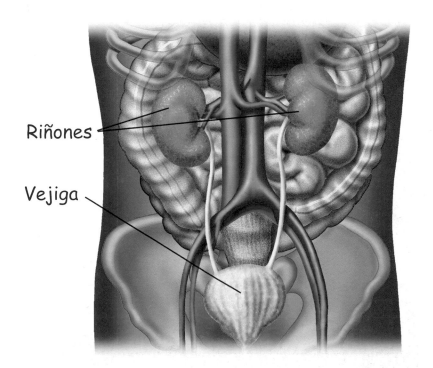

Riñones

Vejiga

¡ASOMBROSO!

¡En el transcurso de tu vida fabricas suficiente orina para llenar 500 bañeras!

# COMER SANO

Los diferentes tipos de alimentos realizan diferentes tareas en tu cuerpo. Necesitas comer una buena mezcla de alimentos para mantenerte sano. Esto se llama dieta equilibrada.

Alimentos tales como la carne, el pescado o las judías te hacen crecer y te ayudan a reparar las partes de tu cuerpo que lo necesiten. El pan, el arroz, la pasta y las galletas son buenos para aportar energía. La fruta y los vegetales están llenos de sustancias beneficiosas: tienen **vitaminas** y **minerales** que mantienen tu cuerpo sano y ayudan a que no enferme. La leche, el queso y el yogurt fortalecen tus huesos y tus dientes.

¡MÍRAME! ¡MÍRAME! ¡MÍRAME! ¡MÍRAME!

¿Cuál de estas comidas piensas que es mejor para ti: salchichas con patatas, o pollo con hortalizas y arroz?

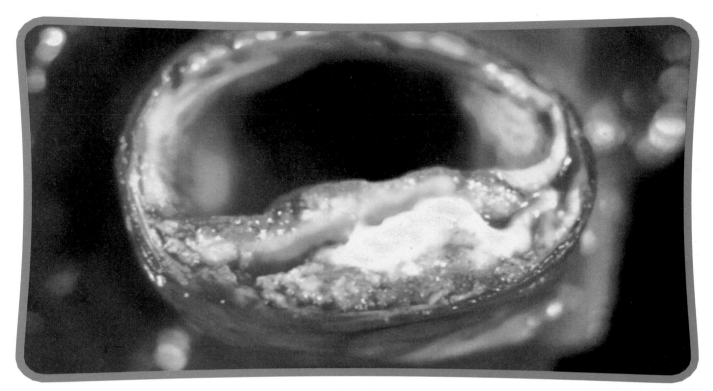

Un vaso sanguíneo bloqueado por la grasa.

Necesitas también comer alimentos que tengan fibra, tales como el pan integral. La fibra ayuda a que los alimentos se desplacen por el tubo digestivo.

Los alimentos grasos como el queso, las salchichas o los dulces también son buenos: te dan energía y te ayudan a mantener tu sangre sana. Pero comer demasiada grasa es malo, porque bloquea tus vasos sanguíneos e impide que la sangre llegue al corazón.

## ¡ASOMBROSO!

Hay gente que piensa que comer zanahorias te hace ver mejor en la oscuridad. Esto se debe a que contienen vitamina A, que es buena para tus ojos.

# Usando energía

Las diferentes clases de alimentos te proporcionan diferentes cantidades de energía. Los alimentos dulces y grasos tienen mucha energía, y las ensaladas muy poca. La cantidad de energía que contienen los alimentos se miden en **calorías**. Una manzana tiene aproximadamente 50, y un plato de pasta 250. Los alimentos que compras en el supermercado llevan etiquetas diciéndote cuántas calorías contienen.

## ¡Asombroso!

Puedes correr unos 1.000 metros con la cantidad de energía que te aporta una porción de pizza, pero sólo 50 con la energía de una hoja de lechuga.

¡MÍRAME!

¿Te gusta nadar? Quemas unas 600 calorías cuando nadas, así que, ¿por qué no te zambulles ya?

Cuando corres, montas en bici o vas a nadar quemas un montón de calorías. El ejercicio es bueno porque te mantiene fuerte y en forma. Incluso durmiendo quemas calorías, aproximadamente 70 por hora. Si ingieres demasiadas calorías y no haces el ejercicio suficiente, pesarás más de lo que debes, lo que es malo para tu salud.

GLOSARIO

# Glosario

**Calambre**
Dolor agudo que sientes cuando un músculo se contrae mucho y rápidamente.

**Calorías**
Unidades usadas para medir la cantidad de energía que hay en la comida.

**Digestión**
La forma en que tu cuerpo rompe el alimento en fragmentos diminutos que pueden pasar a tu sangre.

**Energía**
Tu cuerpo necesita energía para funcionar y moverse. Obtienes la energía de la comida que ingieres.

**Esmalte**
Una sustancia muy dura que recubre el exterior de tus dientes.

**Gérmenes**
Seres vivientes diminutos que causan ciertas enfermedades.

**Microscopio**
Instrumento usado para mirar cosas demasiado pequeñas para ser vistas de otro modo.

**Minerales**
Importantes sustancias presentes en tu comida, que tu cuerpo necesita para permanecer fuerte y sano.

## Nervios

Células especiales que
llevan mensajes entre tu
cuerpo y tu cerebro.
Tienen el aspecto de
largos cables.

## Orina

El líquido que eliminas
cuando vas al baño.

## Papilas gustativas

Diminutos abultamientos de
la superficie de la lengua
con los que captas los
diferentes sabores de tu
comida.

## Saliva

Un líquido hecho en tu
boca, que te ayuda a
tragar y facilita la
digestión de los alimentos.

## Vasos sanguíneos

Los finos tubos que
transportan la sangre a
todas las partes de tu
cuerpo.

## Vitaminas

Importantes sustancias
presentes en tu comida,
que tu cuerpo necesita
para permanecer fuerte y
sano.

# ÍNDICE ANALÍTICO

# ÍNDICE ANALÍTICO